사과 사이사이 새

사과 사이사이 새

최문자 시집

민음의 시 182

민음사

自序

詩는
한 잎의 생각으로 도저히 가릴 수 없는
탐나는 과일

아직도 이런
사과의 이상한 불꽃을 쥐고 쉴 수 없다

2012년 봄
최문자

차례

自序

1부 사과 사이사이

Vertigo   13
자멸의 비누   14
고백   16
거짓말   17
오늘   18
사이 1   20
사이 2   22
수요일   23
사과 온라인   24
꽃노래   26
부토투스 알티콜라의 춤   28
시선들   30
염색   32
커다란 눈물방울   34
2km   36
사과 사이사이 새   38
종점   40
어둠의 순장   41
사랑의 모든 것   42
국화꽃 장례식   44
구름의 사춘기   46

2부 장미와 돼지

해바라기 공전　　51
홍옥마을　　52
잠적　　54
진달래꽃　　55
왼쪽의 산행　　56
내가 나를 넘는 꿈　　58
피라미드 효과　　59
발의 고향　　60
희년　　62
동백　　64
라마의 언어　　66
루치아처럼―잃어버린 시간을 찾아서　　68
물결 속의 반지　　70
가족　　72
장미와 돼지　　73
사과꽃　　74
서부역　　76
사람이 아니기를　　77
무릎 속 단추들　　78
무거운 나무　　79
레퀴엠　　80
어머니　　82
우울한 식사　　84
휘파람　　85

3부 Vertigo

Vertigo 1—구름 과녁　　89
Vertigo 2—벌목　　91
Vertigo 3—부활절　　92
Vertigo 4—무의미의 시　　94
Vertigo 5—위반의 계절　　95
Vertigo 6—시인의 동굴　　96
Vertigo 7—성탄 예배　　97
Vertigo 8—의인　　98
태양과 푸른 사과　　100
두 발짝　　102
아버지　　104
소문의 집　　105
스텔라—죽음의 돌　　106
그대의 식물　　108
종(種)　　110
숙소에서 만나요　　112

작품 해설 / 이수정
고백의 윤리　　113

1부
사과 사이 사이

Vertigo

계기판보다 단 한 번의 느낌을 믿었다가 바다에 빠져 죽은 조종사의 이야기를 알고 있다 그런 착시 현상이 내게도 있었다 바다를 하늘로 알고 거꾸로 날아가는 비행기처럼 한쪽으로 기울어진 몸을 수평비행으로 알았다가 뒤집히는 비행기처럼 등대 불빛을 하늘의 별빛으로, 하강하는 것을 상승하는 것으로 알았다가 추락하는 비행기처럼

그가 나를 고속으로 회전시켰을 때 세상의 모든 계기판을 버리고 딱 한 번 느낌을 믿었던 사랑 바다에 빠져 죽는 일이었다 궤를 벗어나 한없이 추락하다 산산이 부서지는 일이었다 까무룩하게 거꾸로 거꾸로 날아갈 때 바다와 별빛과 올라붙는 느낌은 죽음 직전에 갖는 딱 한 번의 황홀이었다

자멸의 비누

울고 싶어라 내가 사랑하면 왜 모두 비누가 되고 거품으로 끝나나? 투명한 비누의 알속에 아니라고 말하는 입들은 어디로 가고 양잿물의 하얘진 자음만 남게 되나

물 밖으로 삐져나온 거기 만지면 내가 원하던 것들 어쩌자고 모두 아름답다가 죽어 있나

미끄러워 매일 넘어지는 나의 비누 오늘도 찰랑거리는 물의 기억 속에서 무너진 나의 발꿈치와 어깨뼈를 빤다

매일 안개 중인 비누의 말투 거품 속에서만 뱅뱅 돌고 있다

비누가 비누를 풀어놓고 혼자 가는 날

내 머리카락에 비누가 별빛처럼 쏟아져 내리는 날

조금만 슬퍼도 거품이 나를 덮는 날

체크무늬 남방셔츠로 갈아입고 따스한 구멍 속으로 나는 녹으러 간다 폐식용유를 줄줄 양잿물에 흘려 넣으며 비누 속으로 들어간다 내가 나를 감추는 유일한 거품 속

누가 막대기로 나를 휘젓고 있다

모르는 물들이 흘러와서 나를 비누로 만들어 주고 있다

고백

 "사람 앞에서 어떤 고백도 하지 마라 고백은 고백을 찌르고 고백이 더 많은 고백을 데리고 너를 치러 온단다" 어머니의 억지 고백론을 들으며 성장했다 고백의 생목 자른 자리 모래알 수북했다 나는 입이 컸는데 큰 입에서 슬슬 나오던 타액처럼 할 말이 혀 밑에 그렇게 고였는데 밤마다 배고픈 고백을 참고 나는 잠들었다

 그해 그에게 고백할 수도 없고 그를 생으로 뽑아낼 수도 없어서 생으로 사랑니 하나 뽑아내고 치통을 견디다 못해 꽃구경을 갔다 엎드려서 흰 꽃 두 송이 꺾는 사이 피가 한 입 고였다 흰 꽃 위에다 대고 시뻘건 그를 뱉고 또 뱉어 냈다 비린 고백을 흰 꽃으로 닦았다 해 질 녘까지 지혈되지 않는 그를 약속처럼 풀고 하루 종일 그 산을 쏘다녔다 그게 꽃구경이었을까?

 고백은 제기차기도 잘 안 되는 왼발의 다쳐 본 이야기 심해어 위에다 아무리 금지된 좌표를 그어도 뺨과 목덜미가 그냥 더글 더글 남아 있는 살아 있는 물고기의 비린 이야기

거짓말

그가
유리로 되어 있다는 걸 잠깐씩 잊는다
처음엔 사람처럼 말하다가 나중에 꼭 유리가 된다

어디다 감췄을까
산산조각 날
그 푸른 도나우 강물을

오늘

나에게 오늘은
40년 전의 실연
언젠가의 임종
똑같은 후회로 뒤덮인 어제

실종된 문장들이
이마를 다치고
보리 씨처럼 통증이 부풀어
지워질 뻔하다 나에게로 슬쩍 건너오는 날

그래도
태연히
텔레비전을 보고
계속 흐릿한 시를 발표하고
결코 나를 고백하지 않는 날

나에게
나쁜 용기가 솟구치는 오늘은
알록달록한 오해와 이해가 겹치는

저 아래
의문을 품고 매일 먹어 버린 슬픈 흰밥의 세계

나에게 오늘은
세상에서 가장 눈물 나는 재료로 만든
한 모금의 미래

사이 1

아담이 실패한 사과밭이다
날마다 태초의 사과에게로 갔다가 내게로 돌아온다

사과를 보면 어김없이 입술을 벌렸다
우중에도 우산을 쓰고 입을 벌렸다

사과는 여럿이고 나는 늘 혼자였다
나를 떨어뜨릴까 봐 주먹을 꽉 쥐고 지냈다

유혹 이후
날마다 새로 생긴 유혹에 밑줄을 긋고 사닥다리를 기다렸다

순식간에 내게 겨울만 남았을 때
실패한 허연 뱀들이 땅속으로 흘러 다녔다

겨울은 죽은 사과에게로 갔다가 다시 내게로 왔다

사과의 맛은

혀끝을 녹이는 비행(卑行)의 맛
뼈가 아픈
고통 전체의 옷깃

고통을 눕히면 우르르 쏟아질 것 같은 사과 무덤

긴 겨울 여러 장의 종이를 놓고 사과를 기다렸다
아마도 슬픈지 사과가 필요했다
어이없이 잘 그려지는 사과 그림
죽은 사과는 여럿이고 나는 혼자였다

사이 2

당신과 나 사이에 등에 가시처럼 파묻힌 깃발식이 있었다
 당신이 깃발을 올리면 나는 내리고 내가 올리면 당신은 파묻었다
 한 장의 깃발에서 발견된 우리 이야기는
 먼 지층 아래서 구겨지고
 어긋나는 사이사이
 당신은 못 참고 집으로 가고
 그 후로도 당신은 못 참고 더는 못 참고
 나는 참고 죽도록 참고
 지하철 타고 철야 기도하러 가는 사이
 어긋나는 이파리 사이로 태어나는 깃발의 새순을 손톱으로 박박 긁어 없애고
 우리는 거짓말로 웃으며 전화하는 사이
 바람 부는 어젯밤 깃발을 태워 주는 깃발식이 있었다
 죽은 깃발은 재가 되고 우리는 눈이 맵다는 핑계를 대며 오래오래 울었지만
 우리는 흔적도 없이 눈물을 싹싹 지우며 잠드는 사이
 밤새도록 멀어지고 있는 사이

수요일

진정한 지옥이란
미지근한 물이
너무 오래 흐르는 것

시는
월요일은 모든 것인 듯
화요일엔 모든 것이 아닌 듯
들쥐처럼 멀리 지나가는
월요일 화요일
진정으로 나를 찾아오는 수요일은
꽃말 있는 꽃이 되려는 중

히말라야에서 들었다
뿌리에서 올라오는 꽝꽝 얼린 꽃말

월요일 화요일 보내 놓고
수요일은
히말라야의 꽃말이 필요하다

사과 온라인

사과 세상이다

사과로 두 권의 시집을 사고 슬픈 영화 한 편을 봤다
슬픈 영화도 사과로 보면 슬프지 않다
눈 뜨자마자 사과를 켜 놓는다
나는 닫고 먼지처럼 일어나는 누군가의 귀 언저리와 목소리를 켜 놓는다
사과를 쪼개면 사방연속무늬 시간의 무덤이 보인다
나까지 백 속에 스티브 잡스의 무덤을 넣고 다닌다
벌레의 이름으로 119를 부르고 새의 이름으로 말기 췌장암 친구 이야기를 하다가 짐승의 기호로 딸을 불러낸다
무럭무럭 사과가 자라나는 사과 세상을 만들고 그는 사과 뉴스를 들으며 죽었다
에덴동산으로부터 시작된 사과 사건
백설공주가 먹고 쓰러진 독 사과로부터
빌헬름 텔의 아슬아슬한 사과
여신들의 싸움판에도 황금 사과가 끼어든다
뉴턴을 향해 떨어지던 사과나무를 심고
꽃 사과 코스가 있는 애플 밸리 골프장에서 골프를 친다

내일 지구가 멸망하더라도
스피노자와 잡스가 심은 두 그루의 사과 위에서
우리는 끝없이 얼음을 지친다
세상의 모든 아이들이 소리 없는 물속으로 들어간다
울고불고 사과에 목을 매다 컬러풀한 사과를 들고 잠든다
사과는 내 사랑

꽃노래

상처는 아프기 전 꽃투성이었죠
어이없이 꽃 냄새가 나죠

상처가
내일이면 소리 없이 아플 꽃일 줄, 우는 이가 많을 꽃일 줄, 아픔의 바닥에서 막 올라온 꽃인 줄 몰랐죠

밤이 오면 간절한 칼날로 꽃을 베고 솟아오르는
내가 못 이기는 이빨

나는 가끔 높은 산 정상을 올라타고 까마득한 이빨들을 내려다보죠

사반도 로뎀 나무 그림자도 흰 꽃도 약대 털옷도 선한 사마리아 사람도 없는 여리고로 가는 캘튼 계곡
하갈이 맨발로 헤맨 틀림없는 유대 광야죠

동물의 왕국에서 죽음을 무릅쓰고 상처를 핥는 맹수를 보았죠

무엇을 핥아 낼까? 붉고 노란 꽃이었나?
혀가 들려주는 상처의 이야기를 듣고 있는 걸까?

전갈이 전갈을 찌르고 죽어 가는 광야의 밤
상처는 무슨 꽃노래를 불러야 복원될까?

꽃의 슬픈 가사를 잊어버렸죠

부토투스 알티콜라의 춤*

당신은,

누우면
뼈가 아픈 침대
짙푸른 발을 가진 청가시 찔레와
너무 뾰족한 꼭짓점들
못 참고 일어난 등짝을 보면
크고 작은 검붉은 점 점 점
점들이 아아, 입을 벌리고
한 번 더 누우면
끝없이 가시벌레를 낳는
오래된 신음이 들려야 사랑을 사정하는
당신은
일용할 통증
멸종되지 않는 푸른 독
너무 할 말이 많아서
침대 커버를 벗긴다
아아, 이거였구나
흑전갈 한 마리 길게 누워 있다

유일한
고요의 형식으로
부토투스 알티콜라가
구애의 춤을 추다가 쓰러진 전갈자리
굳은 치즈처럼 조용하다
흑전갈의 사랑은
사랑에게 잡아먹혀도 그 위에 다시 눕는 것

* 흑전갈이 구애를 표현하기 위해 수직으로 달린 꼬리를 꼬았다 풀었다 하며 달콤하게 추는 춤. 교미 후 암컷은 수컷을 먹어 버린다.

시선들

아까부터
사과들이 나를 쳐다보네
나는 딴생각 반, 사과 생각 반으로 보는데
사과나무는 온 사과들을 다 데리고 나를 보네
사과 사이사이에 새가 있네
울어 줄 새를 안고 살았나 보네
어쩌다 새의 작은 눈알과 마주쳤네
새까지 고집스럽게 나를 쳐다보네
이상한 눈으로 나를 보네
사과가 없어진 나를 보네
뻥뻥 구멍 뚫린 나를 보네
누구와 누구가 사과를 다 따 갔는지 의심하며 보네
내가 놓아 버린 사과들을 찾고 있네
사과 뒤에서 달이 뜨고 있네
알알이 불을 켜고 나를 쳐다보네
이대로 둘까 어쩔까
그런 생각으로 쳐다보네
사과들이 방패를 뚫고 나를 찌르네
사과와 새와 달빛이 한꺼번에 달려들어

나를 죽이네
사과 무덤에 내가 묻히네
새가 무섭게 울고 있네

염색

색깔도 뿌리를 갖고 있네
서로 부둥켜안는다고 물들지 않네
누가 누구를 염색했다는 말
한꺼번에 지문이 사라지는 일이네
사람은 살갗이 아니네
역사와 또 다른 하늘이 있네
푹푹 삶아도
구름은 폐기되지 않네
불온한 물감들이 하루에도 몇 번씩 쳐들어오네
얼굴은 젖지만
하늘은 적시지 않네
딱, 한 번 참으로 위험했네
갈기갈기 실뿌리까지
막무가내로 물들고 싶은 적이 있었네
자욱한 물감이 밀려와 무릎뼈에 고일 때
흰 뺨에 뜬 붉은 구름
아프게 문질러도 지워지는 건 아주 조금이었네
하나의 영혼이 아주 다른 또 하나의 영혼 속으로
염료가 되어 드나들었다는 말

가장 외로운 일이네
가끔씩 그에게
황홀한 색깔을 빌려 오는 나
순백의 양말을 벗어 놓는 일이네
물들어 보일까 봐 눈을 꼭 감네

커다란 눈물방울

새벽 5시
나는
불쑥 죽어 보면서 기도드렸지
사과는 지상에서 가장 붉은 단어
그게 사과의 구원이라면
붉디붉은 사과의 문장으로
은유 없이 기도했지
온갖 통회의 자세 다 취해 보지만
고장 난 게 틀림없어
누가 나를 깔고 앉아야 눈물이 나는 걸 보면
내가 나의 기원이 되던 기도들은
비틀비틀 걸어온 샛길
누구네 집 꽃이었나
다른 건 다 번지지만
허공에서 보면
나의 참회는
지구에 닿았던 입술일 뿐
잠시 떨고 있던
기침 나는 푸른 먼지

통증의 그림자
막 녹기 시작하는 푸른얼음
그 위로 떨어지는
그 누구의
커다란 눈물방울
그 아래
삐걱거리는 무릎

2km

어려운 제안이었다
누구든지 2km를 가자고 하면 4km를 걸어 줘야 하는 것

2km는 4km의 절반이 아니다
2km 지점에서 너무나 머나먼
내 바깥의 기나긴 길
나를 지나 나를 거슬러 올라가는 길
주머니에 아몬드 초콜릿을 가득 넣고 깨물며 갈 수 없는 어둠으로 뻗은 길

자꾸만 자꾸만 이별하고 싶은 계곡과 단층들
새들도 그 지점을 떠돌다 죽었다

내 이름을 부르며 개떼들이 몰려온다
무서워서 두려워서 울며 거꾸로 가고 싶은

4km 가시가 쌓인 두꺼운 내 발바닥

슬며시 녹아 주는 내 마음 몇 장

결코 완주할 수 없는 허공

사과 사이사이 새

나는
사과의 피가 흐르는 사람이었을까
사람의 피가 흐르는 사과였을까
연대조차 알 수 없는
선과 악의 무수한 점들이 찍힌
영혼을 걸친 듯한
계속 사람의 문장을 같이 쓴 흔적이 있는
사과 같은 사람들은 사과 없는 광야를 건넜다

사과 옆은 무서운 난간
난간에서 난간으로
누군가가 위험한 높이까지 새처럼 올라간다
날마다 새로 생긴 사과의
틀린 고백 틀린 허기 틀린 반성 틀린 눈물
틀린 틀린 사과의 밥을 보고 있다
죽어라고 틀리게 태어나서
그 누구의 틀린 기쁨을 맛있게 먹여 주던
사과 수프

누군가가
틀린 사과들을 통째로 삼키고 통째로 부서진다
수직으로 수직으로 떨어지는 그 누구의 부서진 어깨뼈
통증이 빛난다

종점

사랑 없이도 고요할 줄 안다
우리는 끝없이 고요를 사랑처럼 나눴다
우리가 키우던 새들까지 고요했다
우리에게 긴 고요가 있다면
우리 속에 넘쳐 나는 소음을 대기시켜 놓고
하루하루를 소음이 고요 되게
언제나 소음의 가뭄이면서
언제나 소음에 젖지 않으려고
고요에 우리의 붓을 말렸다

서로 아무렇지 않은 나이가 되어서야
말할 수 있는 것들이 무엇이든 간에
시끄러운 가을벌레들처럼
우리는 아주 오래 뜨거웠던 활화산을 꺼내
떠들어 대기 시작했다

어둠의 순장

 어느 날 삽 하나 들고 내 몸 중에서 가장 어두운 곳을 깊이 파 보았다 몇십 년 도굴한 어둠의 덩어리들이 거기 다 들어 있었다 엄청난 어둠을 발전해 송전하는 광케이블이 죽은 뱀처럼 묻혀 있었다
 이런 이런 이래서 그렇게 캄캄했구나 그래서 그렇게 목이 탔구나 땅을 파고 이번엔 어둠을 더 깊이 묻었다 주기도문으로 감추고 문장으로 뒤덮고 흙으로 매장하고 돌아설 때 나의 검정이 나의 암흑이 울며 나를 불렀다

사랑의 모든 것

슬픔의 마지막 페이지는 살구색

후일

우리는 살구에게 없는 살굿빛을 이해했네

훌쩍거리는 동안

살구 등 뒤로

증발하지 않는 눈물과

구름 성분으로 된 귀먹은 살구가

더 진한 살굿빛으로 뭉개져 있었네

서로가 서로를 따 들어가다

이내 살구를 다 떨군 살구나무

오래전 죽은 살구 맛이

천천히 떫어지고 있었네

후일

우리는 살구에게 없는 살구 맛을 이해했네

슬픔의 혀로

국화꽃 장례식

  단추 하나가 뚝 떨어진다 옷은 하나도 아프지 않다 남은 단추 세 개를 자세히 보니까 국화꽃 모양으로 생겼다 남은 국화꽃 세 송이도 아프지 않다 아프지 못한 것들은 수상하다 국화꽃 형상을 하려는 것들도 수상하다 반짝하고 설명이 안 되는 부표들

  아프지 않은 국화꽃도 주검에 매달면 아프다 이승만도 노무현도 최진실도 모두 국화꽃을 달고 갔다 아파서 상을 찡그리며 달고 갔다 이승에서 그렇게 달고 싶었던 꽃이 정말 국화꽃이었을까 저마다 해석이 달랐지만 아무도 국화꽃을 들춰 보지 못했다 입과 입 사이, 슬픔과 슬픔 사이를 국화꽃으로 꽉꽉 막아 버린다 혈관 속으로 국화꽃잎이 흐르는 남자 국화꽃 감정으로 우는 여자 멀리서 보면 가을 들판인 것처럼 낭만적으로 국화꽃이 흔들리는 장례식이다 죽은 얼굴부터 죽은 입술 죽은 이마까지 국화꽃으로 덮는 게 수상했다

  내게도 한 남자가 수상했다
  여러 국경을 넘어 내게로 왔다

스적스적 건드리는 국화꽃 뿌리를 숨기고 왔다

단추 하나 실밥을 물고 또 떨어진다
이제 두 개 남았다

단추 같은 감정이 된다
다시는 국화꽃으로 달릴 수 없게 흙 속에 묻힌다
혈관 속으로 흐르던 국화 뿌리들이 눈을 감는다
그의 국화꽃 장례식 날
제일 슬픈 영화 한 편 보면서 새벽까지 울었다
배춧잎 같은 시퍼런 여름이 간다
또 한 차례 국화꽃 장례식이 있을 것 같다

구름의 사춘기

구름도 사춘기가 되면 잠들지 못하지
구름은 잠들지 못하는 여자들을 찾아가지
저기 저 신부가 입은 순백의 웨딩드레스
구름이지
여자들은 이유 없이 구름을 이해하지
나쁜 남자들은 이해하는 그 구름 속에 서 있지
새들도 알을 낳지 않는다는 곳
위험한 낭떠러지
구름 속
신부는
나쁜 남자의 혀 끝에서 떨어졌던 구름의 말들을 이해하지
구름으로부터 온 구름 신문을 읽고
구름처럼 구름을 이해하지
앙고라 털이라고 이해하지

　저 노을을 보고 있으면 참으로 겁이 나지
　불붙는 구름 잎사귀 구름의 얼굴 구름의 뼈 구름의 머리카락
　나쁜 남자가 몰래몰래 불타고 있었지

구름의 사춘기는 속속들이 빗물이었지
구름이 퉁퉁 불은 나쁜 남자의 캄캄한 신발을 신고
나쁜 비로 태어나던 날
신부는 왜 그렇게 소나기로 울었는지
장맛비로 살고 있었지
여자들은 그제야 큰 우산을 펴 대지
구름이 방울방울 떨어지며 울며 말해도 이해하지 않지

2부

장미와 돼지

해바라기 공전

  태양이 그리운 건 해바라기뿐만이 아니다 울렁거려서 종일 우는 산새도 있다 그때 가만히 말라 죽은 떡갈나무 숲도 있다 땅이 하얘지도록 겹겹이 떨어진 흰 꽃잎의 영혼도 있다

  식탁에 놓인 하얀 접시 희미하지만 아주 천천히 돌고 있다 진노랑 해바라기 꽃무늬의 떨림 태양이 그리운 줄 아무도 눈치채지 못한다 그 해바라기 뺨 한쪽에 그를 공전했던 내 흔적도 있다

  이상하지 봄 여름 가을 겨울 네 번씩이나 지구가 돌아앉아도 그를 만나지 못하고 있다 그리우면 더 이상 다른 꽃이 없는 것처럼 무조건 해바라기가 된다 식탁 위의 하얀 접시 허공에 뺨을 문지르며 봄 여름 가을 겨울을 흐릿하게 보내고 있다 다른 별과 부딪칠 수 없는 차갑고 미끄러운 거리 결코 해를 만질 수 없는 공전

  거기
  내 그리던 뼈가 돌고 있다

홍옥마을

사과를 깜빡깜빡 잊어버리며 홍옥마을에 살고 있다

긴 멀미처럼 지구는 수억 년 된 홍옥 나무들이 무더기 무더기 자라는 사과로 가득 찬 마을

바람은 오늘도 모든 잡풀들을 용서하러 가고 멘델스존의 핑갈 동굴 앞에 서곡처럼 사과들이 매달려 있다

이 나무의 슬픔은 태초의 사과로부터 온 것 그 나무로부터 먹은 슬픔도 사과 모양 자기가 자기 죄에 바르면 더 붉어지는 사과는 오래된 허구의 치료 약

홍옥마을 뒷마당, 붉은 책이 되어 이브는 벌써 지구에 돌아와 있다 다음 날도 그다음 날도 여전히 사과의 페이지를 열고 어둠을 흉내 내고 있다

한 개의 사과에도
사과를 달지 않으려고 사지를 버둥거리던 무한의 허공이 있다 사과 바깥으로 뛰쳐나가려던 북서풍도 있다

사과의 붉은 벽돌은 자주 무너진다 부서지는 나의 얼굴 나의 어깨 나의 떨림

 가냘프고 무거운 저것들 동그라미 지구, 오늘도 그 많은 사과의 부화를 위해 깜깜한 알을 품고 저 혼자 돈다

잠적

 안개는 평범했던 빨간 지붕과 첨탑에 높이 매달린 십자가를 사랑했나? 무채색 가슴에 꼭 안아 버렸다 무채색을 칠해 주는 안개 그런데 안개는 끝까지 안개인 적이 있었나? 혹시 안개 속에 암매장된 나의 실로폰을 본 적이 있는가? 잡으면 피식 꺼지는 안개 속에서 오늘 나는 실로폰을 연주하겠네 안개 거품 아래 거기 고개 쳐든 음표의 건반들을 깨우며 연주하겠네

 예이츠의 시로 만든 가사에 보푸라기처럼 보풀보풀 묻어 있는 그대들의 사랑은 지금 안전한가? 들춰 보면 사랑은 너무 많은 구름과 안개 얇은 매미 허물 같은 것 거기다 맘을 대고 울고불고하는 사이 하루에도 몇 번씩 배터리가 나가는 그대들의 안개 속 통화는 아직도 피가 묻어나는가?

 그렇게 안개가 사랑을 갑자기 지워 버렸네 드러난 새빨간 지붕과 첨탑의 십자가 뚝 그쳤네 내 실로폰 소리

진달래꽃

　괜찮아, 괜찮아 뒷산에 불 지른 것 불이 나를 지나 내 푸른 노트 다 태워 버린 것 가장 찬란한 사랑은 언제나 다 타고 난 가루에서 빛나는 것 한 번의 뜨거움으로 죽도록 꽃은 가루가 되겠지 한 사나흘 비 뿌리는 동안 꽃이 물이 되는 거 그 물이 불을 끄고 돌아서서 다시 푸른 노트가 되는 것 괜찮아, 괜찮아 뒷산에 불 지른 것 불 지르고 돌아서서 진분홍 물이 되는 거 알 수 없는 그 고단했던 사랑
　꽃잎 날리는 모든 이별
　괜찮아

왼쪽의 산행

당신들이 몽땅 오른쪽일 때
무엇도 잘되지 않는
한두 번쯤 망설이다 하는
나의 왼쪽은 오늘 불운하다
왼손을 깁스하고 산행을 한다
지리산을 걸으며 왼쪽의 시간을 발견했다
당신들이 몽땅 오른쪽일 때
지리산은 잠자리 한 마리를 놓아준다
산이 잡았다가 허공에 놓아준 잠자리가 누구였는지
생각해 보는 사이
잠자리는 안중에도 없는
당신의 오른손들이
잠자리 알을 수없이 낳는다
왼쪽은 지지부진한 절반쯤만 하는 땅속의 겁쟁이들
산을 걸을 때 뿌리는 보이지 않는다
산에선 뿌리들이
더 이상 정점이 아니다
산의 오른쪽으로 꽃이 흐드러진다
바람은 하산하고

깁스한 왼쪽 손이 산을 넘는다
산이 붙드는 법을 알고 있었다
산이 왼손을 내밀어 단단히 나를 잡는다
내가 넘은 게 산이었나 꽃이었나

내가 나를 넘는 꿈

　대학 총장 하는 4년 동안 자주 악몽을 꿨다
　내가 나를 넘으면 내가 지워지는 꿈이다
　한쪽 눈이 지워지고 팔 한쪽이 지워지고 머리카락이 지워지고
　커튼 뒤에 등뼈만 아직 서 있다
　꿈속에서 등뼈를 넘지 못했다
　꿈은 거기서 끝나고 등뼈만 돌아왔다
　등뼈만 가지고 출근했다
　등뼈가 나 대신 지하도를 건너고
　세찬 빗줄기도 등뼈가 맞았다
　나에게 말 한마디 건넨 적 없지만
　등뼈가 있었고 내가 있었다

어떤 꿈에서도 등뼈는 등뼈를 넘지 않았다

매일매일 내가 나를 버리면
매일매일 등뼈는 나를 나에게서 건져 냈다

4년 동안 숨 막히게 나였던 등뼈를 어루만진다
아직 빳빳했다

피라미드 효과

사막에 어리석은 왕들이 서 있다 아직도 그 산을 내려오지 못했다 왕들의 실패는 높고 단단하다

지금도 신이 되고 싶은 사람들은 피라미드 효과를 믿는다 피라미드 형태로 높이 집을 지으면 왕 같은 권력과 초능력을 지니게 된다는 피라미드 효과 고대의 왕들처럼 미라가 될망정 썩지 않는 어떤 생의 이파리 사이사이, 돌과 중력과 높이로 새들이 날아오르지 못하게 신의 허공을 부러뜨렸다 언제 어디서나 왕이 보이게 농부와 농부의 자식들이 일하다가도 쳐다보면 보일 수 있게 왕들은 무거운 꼭짓점이 되었다

사막에서 거대한 피라미드를 보았다 사막을 따라가다 거기 며칠 전부터 보이기 시작하는 쿠푸 부자의 거대한 피라미드 우주에 대해 너무 예각이었던 스네프루의 굴절 피라미드 다고바 성지 스투파 제타와나 로마의 돔 팡테온 검은 땅에서 시작하여 올라갈수록 새하얀 별빛으로 거품으로 종소리로 꽃으로 물방울로 신비한 빛과 울타리로 미라로 아직도 무엇에 쓰였는지 모르는 피라미드 효과

발의 고향

내가 나라는 때가 있었죠
이렇게 무거운 발도
그때는 맨발이었죠
오그린 발톱이 없었죠
그때는
이파리 다 따 버리고
맨발로 걸었죠
그때는
죽은 돌을 보고 짖어 대는
헐벗은 개 한 마리가 아니었죠
누구 대신 불쑥 죽어 보면서
정말 살아 있었죠
그때는
그때는
세우는 곳에 서지 않고
맨발로
내가 나를 세웠죠
그때는
내 이야기가 자라서

정말 내가 되었죠
불온했던 꽃 한철
그때는
맨발에도 별이 떴죠
그 별을 무쇠처럼 사랑했죠
날이 갈수록
내가 나를 들 수 없는
무거운 발
가슴에서 떨어져 나간 별똥별이죠
발도 고향에 가고 싶죠

희년

아침마다 내가 나를 깨운다
나로 가득 채워진 집
어쩌자고
나는 이렇게 많은 나를 낳았을까
질릴 만큼 무한 증식한 나를
천 개의 칫솔로 말끔하게 닦아 준다
오늘은 7월 10일 속죄일
대제사장이 숫양의 뿔로 만든 희년의 나팔을 불었다
나는 49년 동안 나에게 우거하던
모든 나를 풀어 줘야 한다
모니터에 수없이 떠오르는 나를
삭제 삭제 삭제 삭제 삭제……
하루 종일 삭제 키를 누르다가 외로워서 잠이 든다
삭제된 나는
어떤 분말의 모습인지
어느 암소의 눈물이 되었는지
나를 통과했고
내가 입을 댔던
같이 누워 자다

목전에서 사라진 나는
이제 외계의 물질
전혀 모르게 지낼 나와 나
희년 아침
숨죽이던 나의 울음까지 풀어 준다

동백

이곳 꽃들에게 통용되는 이야기다

조광조는 꽃투성이
꽃은 조광조의 표정을 짓고
비명이 우르르 쏟아지면
핏빛 꽃모가지가 툭툭 떨어졌다

죽기 전에 조금만 더 피멍 들고
조금만 더 붉자

사포나루 월호리 가는 길
단 한 그루의 동백나무
조광조가 고르고 골라서 심었다는 동백
여수 오동도 동백보다
거제 지심도 동백보다
더 붉고 더 굵은 꽃송이
한바탕 죽음을 치르고 온 행색이 아니다

조광조라고 부르고 싶어

꽃 이름 잃어버린다

꽃에 갇혀 폭설에 갇혀
그날 막배를 놓친 일은
사포나루 사람들에게 통용되는 이야기다

라마의 언어

우리는 침 사이에서 태어났지만 침을 이해하지 않는 자들

날 때부터 얼굴은 침으로 가득 찼다 먹이를 바라보는 짐승처럼 서로의 얼굴을 바라보며 침을 흘렸다
아무도 우리의 침을 닦아 주지 않았다

물고기는 물고기 사이에서 굶주리고 수많은 굶주림이 흘러간 자리에서 우리도 모종의 감정처럼 정신없이 침을 흘렸다

서로 분노의 일기를 보여 주며 안데스의 라마처럼 쫓아가며 침을 뱉었다 목표물에서 결코 빗나가는 법이 없는 침 뱉기의 명수인 자들

세상은 죽은 버섯 냄새 같은 역한 침 냄새로 가득 차 있었다
줄줄 흐르는 침들이 혀 밑에서 잠드는 밤
사나흘 굶은 영혼을 가진 암사자들이 먹이를 찾아 산에서 내려온다

사냥의 기억만으로 침을 흘리며 산맥의 중턱에서 숲을 지난다

세상은 가라앉지 않는 침의 깊이
손가락을 펴고 한 뼘 두 뼘 재고 있다

루치아처럼
— 잃어버린 시간을 찾아서

그해

우리가 서로 잡아당겼던 불법의 끈들이 힘없이 툭 끊어진 그해 오페라 '람메르무어의 루치아' 광란의 아리아를 하루에도 몇 번씩 들었다 그때부터 루치아처럼 갑자기 사랑은 허공을 만들고 섬을 만들고 나는 섬 언덕 아래로 주르륵 미끄러지면서 겨우 쑥부쟁이 하나 붙잡고 혼자가 되었지 어디서부터 어느 쪽으로 끈을 붙잡아 맬지 몰라 무수히 헛손질하다 떨어뜨린 끈들이 수북해졌을 때 프루스트의 소설을 다시 읽었다

잃어버린 내 시간 속에 루치아가 서 있었다 에드가르도의 슬픈 얼굴이 치유하지 못한 엔리코의 질병들이 비린내를 풍기며 아픈 표정을 지우느라 피가 배어 있을 뿐 치유 없이 모두 다 떠내려갔다 루치아처럼 그 강한 물살에서 뛰쳐나와 거꾸로 거슬러 올라가려던 턱없는 사랑도 몇 번 솟구치다 그냥 쓰러져 버렸지

20년 지난 지금도 강 하류로 가겠어 그리움 파르스름하게 뒤집어쓰고 떠내려올 잃어버린 시간을 찾아서 얼마간

의 신의 선물인 마들렌 과자* 몇 조각과 굵은 기억의 끈을
준비해 가지고

    그대의 무대에서 내려오겠어 루치아처럼

* 프루스트의 소설 『잃어버린 시간을 찾아서』에서 무의식에 기초해 되살아나는 강렬한 감각의 상징으로, 기억을 환기해 주는 매개물이다.

물결 속의 반지

그가 내게 물었다

물고기들은 어디에다 커플링을 끼워 줄까?

물결 위에서 물고 기다리고 있다가

사랑한다고 말하려는 순간

떨어뜨리겠지

수천 미터 바닷속 모래를 뒤집어쓰고

헤엄 못 치는

지느러미 없는 반지

그 물속의 반지를 끼고 싶다

눈물도

물결처럼 보이는

둥굴게 동여맨 그의 가슴이

출렁거리는 반지

가족

30대 때 나는
그들의 남루한 가족이었다
기념일마다 그들은 이태리 식당에 모였다
한입 가득 베어 문 토마토가 무농약인지 유기농인지
야채와 소스의 원산지에 대해 묻고
털 빠지는 개 흰 쥐의 사육에 대해 말했다
아까부터 나의 남루에 대해 묻고 싶었던 어머니까지
마지막으로 까르르 웃다가
나를 잊어버렸다
나는 헌 자루 같은 가방끈을 풀었다 조였다 하며
제일 먼저 식당을 나왔다
늦은 밤
나는 양파를 썰며 몰래 울었다
그때 녹아 버린
가족의 남루했던 한끝
아직도 피가 통하지 않고 있다

장미와 돼지

우리를 탈출한 돼지 한 마리가 장미밭을 휘젓고 다닌다
맨발로 꽃의 의중을 파 보고 있다
장차 무섭게 아프고 외로울 텐데
짐승도 꽃의 시간이 있었다
꽃 속에서 짐승은 가시와 싸운다
장미 꽃잎들이 우수수 쏟아진다
가시만으로 가득 찬 싸움
창밖에 크고 작은 선홍빛 장미들이 와 있다
돼지 한 마리도 꽃의 감정으로 함께 와 있다
여름은 지금 돼지와 장미 사이를 건너는 중이다
꽃의 시간으로 가기 전 짐승은 맨발이었다
꽃의 가시만으로 충분히 아팠다
꽃도 짐승의 시간이 있었다

사과꽃

자세히 보면
나무에 벌레들이 얼굴을 파묻고 울던 눈물의 지점이 있다

울 수 있는 곳은 꽃이 피는 곳

벌레의 눈엔 나무의 눈물이 되돌아오고
사과꽃이 핀다

사과나무는
굽히지 않고 매달리는 사과의 전설 하나와
사과가 우거지도록 한없이 꽃을 떨어뜨려 주는 바람이 산다

울고 싶은 기분만큼 사과가 열린다
기억에서 바람까지 걸어 나간 사과들

온종일 저 혼자 동그랗게 살아 낸 사과를 따 낼 때
사과꽃이 같이 따라왔다

벌레가 울어 버린 지점 거기서 그득했던 눈물
반은 흘리고 그 반을 사과가 마셨다고
사과꽃이 새파란 얼굴로 따라왔다

서부역

옛날에는 동쪽에서 그를 기다렸다

난해한 책을 끼고 그가 내려오던 계단을 향해 서 있었다

지금은 세상 전부가 서부

없어진 방향이 그리웠다

사랑의 절반은 반대 방향에서 기다리는 것

자작나무 숲길을 끝까지 걸어가도 못 만나는 것

피고도 남은 꽃 위 바람 어디쯤

한 번도 태우지 못한 생풀 타는 연기 오른다

매워서 잡지도 놓지도 못하고 눈물로 쓰라렸던 얼굴

지금은 서부역에서 그를 기다리고 있다

사람이 아니기를

시가 사람이라면
내가 먼저 말 걸고 싶은 남자
시가 사람이라면
내게 끝없는 질문을 했겠지
날마다 폭죽이 되는 자기에 대하여 묻고
기억에서 망각까지 기어간 작고 희미한 벌레 이야기
끝까지 알 수 없는 말을 지껄이던 사랑에 대하여
온 힘을 다해 묻다가 온 힘을 다해 쓰러졌을 것이다
시가 사람이라면
나는 쓰러진 그의 마지막 질문으로 살았겠지
시가 사람이라면
아주 조그만 꿈을 꾸며
이미 그의 새파란 벌판으로 떠났을 거다
돌짝밭 모퉁이를 돌다 울고 싶으면
사후에 바람이 되었겠지

시가 사람이 아니기를

무릎 속 단추들

　문득 어머니에게 없었던 단추를 기억한다 단춧구멍이 하나도 없었던 어머니 조금도 무겁지 않았다 슬픔의 기억조차 없다 생각해 보면 나도 어머니의 단추 없는 옷을 열고 나왔다

　가끔 몇십 년 방치했던 슬픔의 급소를 열어 본다 가장 깊은 곳에 그의 단추가 있었다 회색빛이었다 단추 안에 그의 성이 있다 세상에서 가장 무거운 단추를 달고 참으로 오랫동안 위험했다 밤마다 무릎을 앓았다 그는 아예 무릎까지 내려와 있었다 회색 혈액이 흘렀다 나의 무릎은 언제나 무채색이다

　단추가 하나도 없었던 어머니는 왜 무릎을 앓았을까?

무거운 나무

모든 나무가 격해지는 건
떨어뜨려야 할 것들이
떨어지지 않는 것
내장이 비워지지 않는 것
꽃들이 열매들이 감정을 가지고
끝까지 매달려 있는 것
죽지 않는 문장들이 다시 살아나는 것
꽃이 가장 격해지는 건
꽃이 꽃에서만 죽으려 하는 것
그건 가벼운 스캔들 같지만
있는 힘을 다해
모천으로 가려고 역류를 올라타는
연어의 산란 같은 것

레퀴엠

베르디가 그랜드캐니언 협곡에서 파랑새를 만난다면 노스름 끝자락 사시나무 포플러와 폰데로사 소나무 사이에 솔잎과 솔방울들은 슬퍼서 다 떨어졌을 것이다 파랑새의 지저귐도 멈췄을 것이다

이제 얼마 남지 않은 저녁 해 몇 분의 구름만으로도 베르디는 허공에 걸린 피아노 건반을 두드릴 것이다
장엄한 무채색 오케스트라
시시각각으로 색깔이 변하는 협곡의 음악 베르디가 눈을 감고 협곡으로 따라 들어간다

죽음의 음표를 물고 캐니언을 돌아 나오는 새 한 마리 깃털에 솔잎이 붙어 있다

아무렇게나 파묻힌 자들의 이 고요가
억만년 전에는 설산이었을까 깊은 우물이었을까 객석이었을까 거죽만의 붉은 흙이었을까

죽은 자들이 커다란 귀를 벌리고 첼로의 저음을 듣고

있다
　베르디가 어떤 문으로 나가고 있다

어머니

껍질이 있는 건 축복이죠
누구나 이 축복을 까 보고 싶어 하죠
찢고 비틀고 지지고 쪼개고 후벼 파면서 무섭게 사랑을 까 보죠
껍질이 벗겨진 사랑은 죽어 있죠
하얗고 까맣고 누렇게 죽어 있죠
껍질이 깨지면 허망의 즙들이 흘러내리죠
축복이 사라진 것들을 사랑했죠
하얗게 눈을 뜨고 죽은 흰 쌀밥 같은
입을 딱딱 벌리고 죽은 조개들 같은
랍스타 등짝을 쪼개고 파낸 흰 속살 같은
껍질보다 주검을 더 사랑했죠
껍질들은 안으로 몸을 잔뜩 오므리고 있죠
팽팽하게 가슴 쪽으로 핏줄을 잡아당기죠
껍질의 가슴이 찢어질 때까지 잡아당기죠
온몸을 끌어 덮으려다 찢어진 껍질이죠
조금씩 사라져 가던 껍질이 내게 축복일 줄 몰랐죠
껍질에 닿으려고 팔을 뻗어 보지만
자꾸 헛손질하죠

껍질이 남아 있는 건 축복이죠
이미 나에게도 새 뿌리가 나오고 있죠
조금씩 가슴이 찢어지고 있죠

우울한 식사

왜 맛있고 맛있는 것들은 모두 어두운 걸까

흑곰은 시에라 산록에 숨어 있다가 물소리를 듣고 연어를 예감한다 타호 강으로 젖은 초원 저 아래 눈으로 만들어진 트로키 강에 내려가 연어의 아구통을 수없이 갈기고 돌아오는 저녁 흑곰은 머리와 어깨를 모감주 나무에 처박았다

여전히 맛있고 맛있게 찢어지던 아가미 짧고 푸른 소리가 나는 트로키 강변의 식사 후 흑곰은 더 큰 우울에 빠진다 발목에 달라붙은 지느러미와 위장에서 되돌아 올라오는 피의 맛 허공은 온통 수천 수만 개의 알들이 근조 등을 켜고 반짝인다 아무도 울 수 없는 저녁 흑곰의 눈동자에서 푸릇푸릇한 우울이 뜬다

왜 어두운 것들은 모두 맛있는 걸까

휘파람

암 병동 베란다에서 한 청년이 휘파람을 불고 있다
저런 휘파람에 취해서 휘파람을 따라간 적이 있다
길을 걷다가 발을 멈추고
휘파람 때문에 휘파람 속으로 들어갔다가
휘파람에서 나와 보니
간다는 말도 없이
악보와 함께 휘파람은
바다를 건너갔다
빈집 같은 몸에서 몇십 년 둥둥 떠다니던 휘파람 소리

지금,
췌장암 말기 청년의 심장에서 다시 그 소리가 난다
어둠이 될 그 높은 음계
오른쪽에서 왼쪽으로
휘파람 숨 마디마디 피가 고인다
아무리 닦아도 고이는 피 같은 음절
지붕으로 보이는 암 병동 베란다
뭉텅뭉텅 살아 있는 시간들이 빠져나간다
허공에 걸려 있다 죽음의 음역

3부

Vertigo

Vertigo 1
― 구름 과녁

흐린 날
그녀의 구름 사격은 시작된다

그녀가 뜬구름 잡는 얘기만
하는 것은 구름 때문이다

그녀가 명중시키고 싶은 것들은 모두
허공에 떠 있었다

그녀는 매일 허공을 조준한다
그때마다 뜬구름이 흘러와 표적의 얼굴을 가렸다

구름이 가려도 과녁은 과녁이다

흐린 날
탕탕탕 구름을 쏜다

구름들이 곽곽 쓰러진다
닿는 것은 너무 위험한 구름의 유탄들

그녀는 매번 구름만 잡는다

더 깊은 하늘 속으로 들어간 그녀의 표적들

Vertigo 2
— 벌목

무르익는 건 싫어
시도 남자도 세상도 그 일도
너무 익어서 농 같은 즙이 뚝뚝 떨어지는 거
강한 세제로 삶아도 그 얼룩이 빠지지 않는 무르익은 흔적
무르익기 위해 푸른 과일들이 벌게지는 거
저 곡식들이 하루 종일 죽음의 낫을 기다리는 것
은유로 가득 찬 시들을 보면 벌목해 버리고 싶어*
푸른 눈동자에서 딱딱한 가슴뼈까지
익어서 뭉개질 때 일어나는 벌목의 충동
십자가도 없이 주검이 익어서 무덤으로 실려 가는 것
무르익은 시도 사랑도 그 일도
익은 것들을 모두 곡해하면서 벌목해 버릴 거야
나는

* 송경동의 시집 『사소한 물음들에 답함』 중 「오래 산 나무에 대한 은유를 베어 버리라」에서.

Vertigo 3
— 부활절

나는

아무도 모르게

부활하지 않는다

쉽게 부활한 사람들은

이미 칼을 들고 있다

강제로 물감 들인 알록달록한 달걀들

이미 며칠째 썩고 있다

칼과 썩은 달걀들이

무더기무더기 알을 낳는다

부활절 새벽

정말 아무도 모르게

나는 부활하지 않는다

Vertigo 4
― 무의미의 시

지금 나는
내가 없는 집에서
내가 없는 방문을 잠그고
내 심장이 없는 펜으로
내가 없는 시를 쓰고 있다

내 눈이 박히지 않은 별빛을 바라볼 때
없는 나를 부러뜨리는 바람
탕탕탕
나를 비워 내는 우주
내가 없는 허공에
헛손질하던 손가락만 떠다닌다

Vertigo 5
— 위반의 계절

알약 한 알 삼키기 전
내게도 배달된 설명서 한 장이 있었다
설명서대로 살지 못했다
얇은 습자지 종이에 깨알같이 박힌 설명들을
접힌 그대로 다 죽였다
위반의 약들을 삼키며
설명 없이 살았다

연주하기 전 몇 장의 악보를 받았다
악보를 위반했다
G음인 줄 알고 E음을 눌렀다
악보에 시퍼렇게 살아 있는 G음을
설명 없이 죽였다
불협화음이 한참 동안 연결되는
어두운 연주였다

설명서 없이 살았다
설명서와 악보를 착착 접어 화분에 심고
봄을 기다렸다
좀 더 위반된 싹이 나오기를 기다렸다

Vertigo 6
— 시인의 동굴

    뉴질랜드 와이토모 동굴 안을 자꾸 깊이 들어갔죠 걷다가 호수를 만났죠 작은 쪽배를 타고 호수를 건널 때 별안간 수만 개의 별들이 반짝였죠 순식간에 별들이 빼곡히 내게 들어차서 내가 없어진 줄 알았죠 배는 호수 가운데 멈췄고 마음대로 날아다니는 별들이 황홀해서 나는 꿈에서 잃어버린 우주 어느 행성에 도착한 줄 알았죠 행성에서 보니 분명 별이었는데 알고 보니 별은 정적 속의 반딧불이었죠 동굴을 나와서 보았죠 어깨에 반딧불 한 마리 죽어 있었죠 마술 바깥은 다시 세포까지 보이는 쨍쨍한 햇살 눈없는 청중들이었죠 내가 나를 찾아낸 곳이 더 환했죠

Vertigo 7
― 성탄 예배

 수고하고 무거운 짐을 잔뜩 동여 메고 성탄절 예배를 드렸다 의자에 짐을 내려놓고 싶었지만 짐 속에 숨어 있는 자들이 너무 예뻐 너무 긍휼해 멜빵에 손만 대도 짐들이 울어 버린다

 성가대 캐롤은 쏟아지고 나는 무기수처럼 짐에게 잡혀 있다 그동안 너무 사랑해 버린 나의 짐 이미 등짝에 하얗게 알을 깐 짐의 애벌레들이 나비가 되려고 막 고치를 틀고 있다

 "아기 예수 탄생은 기쁜 소식입니다" 목사님의 메시지를 듣고 있다 짐도 무릎 꿇고 듣고 있다

 고치를 뚫고 날아가는 날개의 파열음이 들렸다

 오 거룩한 밤

Vertigo 8
— 의인

위험이 있어요

세상에 있었던 궤적이 없는데도

꼭 있다고 믿는 것

직선을 긋고 싶은 사람들에게

곡선을 참는 마지막 사람들에게

위험이 있어요

고백보다 더 깊은 곳에서 출토되는 뼈들은

부러지는 지팡이를 짚고 있다는 것

사막에서 소금 옷을 입고

꼿꼿이 죽은

짐승은 있었어요

태양과 푸른 사과

푸른 사과만 열리는 사과나무 한 그루 심고
푸른 사과가 열리기를 기다려 왔다
끝내 타지 않으려는 껍질과
끝내 웃지 않으려는 슬픔이
새파랗게 앙다물고 있으면
반드시 붉어진다는 사과들의 가설을 어기고
붉은 사상들을 지나
혼자만 새파란 얼굴 지킬 거라고
푸른 사과를 기다려 왔다

푸른 사과만 골라서 사 먹은 적이 있다
뜨겁게 졸이면 무작정 붉어지는
맹목의 순종이 섬뜩해서
전에는 풀의 열매였을지도 모를
풀의 기억 하나만으로
발개지지 않는
사과의 푸른 정신을 사 먹었다
태양을 절취한 둥근 손바닥에
어지러운 듯한 짙푸른 사과 향

태양보다 그걸 더 사랑했다
나는

두 발짝

이 시를 끝까지 따라가면
끝에 지뢰가 있다
3초 만에 죽을 수 있는 심한 심근경색을 앓는 시인과
그 시인이 둘러엎은 실패의 물그릇들
슬프고 억울해서
울고 있는 지뢰
건드리지만 않으면 아직 고구마 줄기처럼 모두들 땅속에서 잠들 수 있다

이 시의
몸에는
여기에도 조금
저기에도 조금
눈물이 묻어 있다
엉겅퀴와 찔레와 지뢰를 적시고 돌아온 슬픔들이
잡을 수 없이 흘러 다닌다
어쩌다 위험한 자세로 멈춰 서기도 한다
이 시의 끝에서
두 발짝만 더 걸어가면

지뢰에 닿는다
아직 죽지 않고 있는 푸르스름한 뇌관
시인은 언제나 두 발짝 전에 감지한다
두 발짝 거기쯤
발칙한 슬픔이 안전핀을 뽑으려 하고 있다는 걸

아버지

 나보다 높은 새의 체온으로 살아왔다 새들이 무더기무더기 두고 간 분홍빛 체온 나보다 높은 허공에 새집을 짓고 아버지보다 높은 체온의 남자를 사랑했다 나는 겹겹이 뜨거웠고 아버지는 달랑 한 장 남은 홑겹의 뜨거움으로 세상을 떴다

 날마다 아버지는 내 겨드랑에서 체온을 재 갔다 숨겨둔 망상과 두려움을 재 갔다 고열은 고뇌 없이 무조건 내렸고 사랑은 억지로 식었다 내 사랑은 언제나 미열로 미지근했다 아버지와 나누어 마신 알약의 울타리 안으로 아무도 도착하지 않았다 불꽃이 가라앉는 환승역에서 나는 오랫동안 저체온증으로 더듬거렸다

소문의 집

우리는 매일매일 그곳으로 가요
마음이 납작해졌다가도
말처럼 뛰면서
잘 듣는 귀 하나 들고
그곳으로 들어가요
순간순간 지우고 수정하고 덧쓰고
쉴 새 없이 허위의 침과 섞이는
혀들이 재미있게 모여 사는 집
우리는 매일매일 그곳으로 가요
뇌관에다 물을 주며
발파를 기다려요

스텔라*
── 죽음의 돌

   베를린 장벽을 지나 유대인 대학살 기념 석주 앞에서 차를 세웠다 학살당한 유대인들이 줄줄이 잠에서 깬다

   그들은 그때 미로가 필요했을 거다 독한 역사의 시간이 흘러 내려가다가 숨어 버린 곳 쫓아가 보면 휘어져서 마음을 바꿔야 걸을 수 있었던 거기 마음 바꿀 수 없었던 자들의 심장을 달고 돌들이 서 있다

   저 반듯한 2711개의 돌들은 죽음을 재활용했다
   누군가가 그들을 죽음에다 매달아 놓고 이리저리 길을 비틀어 놓을 때 마지막 눈물을 쏟았던 자리 돌들이 반짝이며 죄를 묻고 있다 슬픔의 크기가 서로 다른 반질반질한 검은 거울 표면과 목이 없는 뭉툭한 가슴이 서 있다

   죄를 내려놔야 들어가지는 미로 묵직하고 네모난 돌과 돌 사이를 떨리는 다리로 허리를 낮추며 말없이 걸었다 죽음으로 들어갔다가 죽음을 돌아 나오는 돌과 돌 사이 우주의 우울한 뒤뜰 안 키를 넘는 좁은 미로 기념 석주 그늘에 야생화 한 쌍 서로 바짝 끌어안고 있다 진자주

꽃송이가 나를 보고 있었다 독한 시간이 흘린 핏자국이
나를 보고 있다

* 냉혹한 성격으로 인해 히틀러나 게슈타포보다 악명 높았던 베를린 태생의 유대인.

그대의 식물

스커트를 입을 때 생각난다

그때 그 식물들이
꽃말처럼 살고 싶었던 것
할머니의 식물은 연둣빛
연둣빛은
할머니 생각의 덩어리
할머니는 식물의 테러리스트
꽃인 줄도 모르면서
여린 식물들의 피를 짜서
그 피로 물들인 옷
유년 내내 그 옷을 입고 입술이 파랬다
들어올 수 없었던 벌레와 짐승들
총소리 먹먹한 그대가 사냥한 식물들
마른 잎맥 하나 목에 걸려
삶에서 자주 기침이 났다

스커트를 입을 때 생각난다

그때 식물과 스커트 사이로 스르륵 지나가던 뱀 한 마리
꽃말처럼 살지 못한 식물들
할머니가 그만둔 이야기
그렇게 그대의 식물엔
연둣빛 동물이
소리 없이 살았구나

종(種)

배배 말라서 누군가에게 종말이 되는 가을이 왔다
대학 총장 4년 마치고
솜처럼 젖어든
다른 종의 꽃물이 채 빠지기도 전에
오래전 문장에 돌아왔다
나는 개종한 바 없는데
詩가 배배 말라서 누군가의 種이 되려고 몸을 뒤틀고 있었다
늘 나에게만 흘려준다고 생각했던 種이 種을 바꾸고 있었다
나의 種을 찾아 나는 다시 등장했지만
種줄을 잡고 꼬리 끝에 매달렸지만
얼굴에서 목에서 마구 넘치던 種소리가
아무 데서도 넘치지 않고
마른 비린내만 풀풀 날렸다
빈 창고 같은 種의 하얀 내부
다른 이름으로 불릴까 봐
어둠 속에서 떨며 기다렸다
다른 種의 소금기가 빠질 때까지

나에게서
다른 種의 연인들을 하나씩 하나씩 버렸다

마당에 어린 채송화 한 송이 피어 있다
꽃은 그 種에서만 種을 친다
꽃으로부터 태어난 種의 種소리
種에게는 수 세기 풀이 엉겨 있지만
자기 種의 소리에만 눈을 뜬다
그날, 詩 한 줄 쓰고 참으로 행복해서 깊은 잠을 잤다
꽃은 나와 같은 種이었나?

숙소에서 만나요

가려워서
장작은 쪼개지다 말고 불 속으로 들어간다
가려워서
양파는 제 몸을 까발리러 손가락 안으로 들어간다
가려워서
한 사나이는 수갑 속에 스스로 팔목을 넣고
자수하러 간다
고향은
가려움이 그치는 숙소
가려움이 한끝으로 몰아갈 때
그치는 그 다른 한끝 따스한 팔꿈치
새하얀 붕대를 끝까지 풀어내고
환부가 바람을 쏘이려는 곳
멀미 나는 버스에서 내리면
반질거리는 항아리처럼
푸르스름한 손때가 홀씨로 날아다니는 곳
근질거리는 세상에서 나와
숙소로 들어간다
숙소에서 만나요

■ 작품 해설 ■

고백의 윤리

이수정(시인)

> 정복되지도 굴복되지도 않은 채
> 너에게 나 자신을 던지리라
> 오, 죽음이여
> ─ 버지니아 울프의 비문

1 고백

고백은 싸움의 과정이다. 우리는 고백의 내용을 부정하며 그것과 싸운다. 그리고 더 이상 싸울 수 없을 때, 그것이 부정할 수 없는 '진실'이라는 것을 깨닫는다. 그렇게 얻은 '진실'을 발화함으로써 우리는 '고백'한다. 이처럼 고백의 1차 상대는 언제나 타자가 아닌 발화자 자신이다. 고백이 힘든 이유는 차례로 두 명의 상대(자신과 타자)를 직면해야 하기 때문이다. 물론 이 싸움에서 더 버거운 상대는 고백받기 전까지 아무것도 모르는 타자가 아니라, 고백의 내용에 맞서서 '저항하는 자아'다. 여기에 고백의 역설과 고백의 윤리가 놓인다. 자아가 저항하지 않고 발화하였다면 그것은 '고백'이 아니며, 격렬하고 끈질기게 저항하지 않았다면 그것은 '진실한 고백'이 아니다. 목숨 걸고 저항하다 패배한 자아가 죽음에 이르러서야 발화하게 될 때 마침내 '진실한 고백'이 이루어지며 그것은 '숭고'한 빛을 띤다. 고백을 "황홀"(「Vertigo」)하게 만드는 것은 그것을 부정하다 죽음으로 치닫는 자아다. 이 죽음은 고뇌의 소멸이고, 오래 앓던 병이 나은 뒤의 가벼움이며, '진실'에 눈뜬 자아가 지니게 된 광활한 시야의 세계가 열리는 순간이라는 점에서 황홀하다.

2 늘

'늘 고백하고 싶었다'라는 말은 욕망의 형태를 취하고 있지만 긴 후회의 그림자도 지니고 있다. 그 후회는 '늘'이라는 부사어로 인해 강조된다. '늘'이라는 가늘고 기다란 부사어는 '고백'하기 위한 내적 투쟁이 끝나고 난 후, 진실을 직면한 자아가 겪은 두 번째 투쟁의 시간이 길었음을 보여준다. '부정할 수 없는 진실'이 오롯이 몸을 드러내면 그것은 막강한 힘으로 우리를 종용한다. '진실'은 결코 숨기거나 가릴 수 없는 빛이며, 그것을 드러낼 것을 준엄하게 명령하는 '힘'이다. 여기에 고백의 두 번째 싸움이 놓인다. 자아는 '부정할 수 없는 진실'을 받아들이고 난 뒤에도 그것을 발화함으로써 '고백'을 완성하기를 늦추려고 저항한다. 이렇게 '오늘' 고백하지 않기 위해 미루고 미루다 길게 늘어져 버린 순간이 일상이 되고 '늘'이 된다.

> 나에게 오늘은
> 40년 전의 실연
> 언젠가의 임종
> 똑같은 후회로 뒤덮인 어제
>
> 실종된 문장들이
> 이마를 다치고
> 보리 씨처럼 통증이 부풀어
> 지워질 뻔하다 나에게로 슬쩍 건너오는 날
> ─「오늘」에서

"40년 전의 실연"의 순간부터 "언젠가의 임종"까지 "똑같은 후회로 뒤덮인 어제"로 빼곡히 채우며 누가(累加) 되고 있는 시간이 '늘'이다. 두껍게 누적된 '(오)늘'의 시간은 여러 지층으로 이루어져 있는데, 그중 하나가 "의문을 품고 매일 먹어 버린 흰밥의 세계"(「오늘」)로 상징되는 '일상의 층위'다. 결혼 생활, 대학 총장 업무 등등으로 이루어진 일상의 세계는 "내가 없는 집에서/ 내가 없는 방문을 잠그고/ 내 심장이 없는 펜으로/ 내가 없는 시를 쓰고 있"

(「Vertigo 4」)는 시공간이다.

  이런 일상의 시공간은 뜨겁게 차갑고 격하게 단단한 최문자의 시에서 드물게 '슬픔'이나 '눈물' 같은 시어들이 끼어드는 세계다. 슬픔과 눈물의 세계는 '상실감'으로 "천천히 떫어지"(「사랑의 모든 것」)는 시공간이다. 이 흐릿하면서 천천히 떫어지는 세계, 쉽게 녹아 부푸는 거품 말들과 무의미한 말들이 오가는 '늘'의 세계를 뚫고 '(오)늘' "실종된 문장들"이 건너온다.

3 사과 사이사이 새

  "실종된 문장들"은 어디서 오는가. 그것은 시인이 40년 전 실연한 세계에서, 실종된 것들을 포기하지 않는 시인을 타고 시인의 일상 세계로 건너온다. 시인은 일상의 세계와 실연한 세계 양쪽을 모두 붙잡고 있다. 시인은 두 세계 사이에서 어느 쪽도 포기하지 않는 사람이다.

    아까부터
    사과들이 나를 쳐다보네
    나는 딴생각 반, 사과 생각 반으로 보는데
    사과나무는 온 사과들을 다 데리고 나를 보네
    사과 사이사이에 새가 있네

울어 줄 새를 안고 살았나 보네

어쩌다 새의 작은 눈알과 마주쳤네

새까지 고집스럽게 나를 쳐다보네

이상한 눈으로 나를 보네

사과가 없어진 나를 보네

뻥뻥 구멍 뚫린 나를 보네

누구와 누구가 사과를 다 따 갔는지 의심하며 보네

내가 놓아 버린 사과들을 찾고 있네

사과 뒤에서 달이 뜨고 있네

알알이 불을 켜고 나를 쳐다보네

이대로 둘까 어쩔까

그런 생각으로 쳐다보네

사과들이 방패를 뚫고 나를 찌르네

사과와 새와 달빛이 한꺼번에 달려들어

나를 죽이네

사과 무덤에 내가 묻히네

새가 무섭게 울고 있네

—「시선들」

 사과나무에 열린 사과들은 아르고스의 눈처럼 무수히 많은 눈이 되어 시적 자아를 쳐다보고 있다. 이 사과들이 '초자아'라는 점은 특별할 것이 없지만, 시인이 하나의 거대한 초자아가 아니라 무수히 많은, 작고 단단한 초자아를 지니고 있다는 점은 놀랍다.

시적 자아는 사과 생각 반, 딴생각 반으로 사과를 보고 있다가, 사과나무가 온 사과들을 다 데리고 자신을 보고 있음을 의식하게 된다. 사과 사이사이에는 '새'가 있는데, 이 '새'는 '사과를 대신하여 울어 주는 새' 다시 말해 '메신저'다. '새'는 두꺼운 일상의 지층을 뚫고 시인에게 건너오는 "실종된 문장"과 같은 존재다. 사과의 메신저인 새 역시 작은 눈알로 고집스럽게 시인을 쳐다보는데, 그 시선에는 자아에게 죄책감을 유발하는 질책이 담겨 있다. 사과와 새는 '(사과가) 없어진 나'를 시선으로 지적하고 있기 때문이다. '사과'가 '없어진 나'를 본다는 의미로도, '사과가 없어진' '나'를 본다는 의미로도 읽히는 이 구절의 중의적 구조는 명백히 의도적이다. 한때 사과를 가지고 있었지만 지금은 '사과를 잃어버린 나'는 곧 '(나 자신을 잃어버린) 없어진 나'와 동일하게 여겨지기 때문이다.

여기서 '사과'는 두 가지 의미 층위로 서로 포개지고 있음을 알 수 있다. 하나는 '한때 소유했지만 지금은 잃어버린 것'으로서의 사과다. 이 실종된 사과는 '온전(wholeness)한 자아'일 수도, '온전한 신앙'일 수도, '온전한 사랑'일 수도, '온전한 시'일 수도 있다. 아마 '온전함'의 에피파니(epiphany)가 현실에서 감각하는 자아의 신앙 — 사랑 — 시일 것이지만 말이다. 다른 하나는 지금의 자아를 '깨진 자아'로 파악하고 그것을 끊임없이 상기하며 질책하는 '초자아' 이미지로서의 사과다.

후자인 사과에 의해 전자의 사과를 '잃어버린 것 ― 자아가 깨진 것'으로 인식한 순간부터 자아는 "뻥뻥 구멍 뚫린 나"가 되어 버린다. 누가 사과를 따 갔는지 '의심'하는 사과나무의 공격적인 이미지는 나무 뒤로 달이 떠오르는 압도적인 모습으로 알알이 불을 켜고 '나'를 압박해 온다. 마침내 사과는 '나'의 '처벌'을 두고 고민하는 존재로 그려지며, 결국 나의 얇은 "방패"를 뚫고 달려들어 나를 찔러 살해하고 만다. 무수히 많은 사과들 ― 초자아에게 압도된 자아는 "사과 무덤에 묻"혀서도 새의 무서운 "울음"을 듣는 환상으로 시를 마친다.

이와 같은 '나'의 치명적인 상실감은 이번 시집 곳곳에서 읽을 수 있다. 이는 "내가 나라는 때가 있었죠"로 시작하는 「발의 고향」에서 "그때는/ 내 이야기가 자라서/ 정말 내가 되었죠"로 나타난다. '뿌리'는 최문자 시가 탐구해 온 주된 상징 중 하나인데, 그 가운데 하나가 바로 '진실한 나의 뿌리 ― 나무 되기' 상상력이다. 「발의 고향」에서 뿌리에 대한 상상력은 '맨발'의 이미지로 나타나는데, '뿌리 ― 나무 되기 ― 맨발 ― 나'의 상실감이 얼마나 큰 것인가는 "그때는 맨발에도 별이 떴죠/ 그 별을 무쇠처럼 사랑했죠"라는 먹먹한, 쇠뭉치 같은 문장으로 막연히 짐작해 볼 수 있을 뿐이다.

또한 '나'의 상실감 ― 죄책감은 「내가 나를 넘는 꿈」에서 직설적으로 나타난다. 시적 자아는 "내가 나를 넘으면 내가 지워지는" "악몽"에 대해 이야기하면서 차례로 신체가 지워지는 꿈 뒤에 "커튼 뒤에 등뼈만 아직 서 있다"라고 언급한다. 이 등뼈는 '나'를 지탱하는 최후의 '곧은 것'이며, "매일매일 내가 나를 버리면 매일매일 나를 나에게서 건져" 내는 마지막 남은 것으로 말해진다. "등뼈"가 "커튼 뒤에" 있다는 것은 그것이 '초자아'의 이미지이면서 숨은 신의 이미지임을 의미한다. '뼈'는 일상의 층위에 매몰된 자아를 구해 내는 '실연한 세계'에 속한 이미지다. 그것은 지금은 잃어버렸지만 한때 가졌던 '온전한 나 — 사과'와 같은 것이다.("고백보다 더 깊은 곳에서 출토되던 뼈들은/ 꼿꼿이 죽은/ 짐승은 있었어요"(「Vertigo 8」))

4 붉디붉은 푸른 사과

이제 사과나무가 아니라 왜 사과인지에 대하여 이야기해 보자. 우리는 비대한 의지와 거대한 자의식을 지닌 시인들을 본 적이 있다. 그러나 최문자의 시 세계가 보여 주는 자의식은 왜 거대한 사과나무가 아니고 거기 달린 무수한 사과들일까. 다시 시집 첫머리의 자서로 돌아가 보자.

詩는

한 잎의 생각으로 도저히 가릴 수 없는
탐나는 과일

아직도 이런
사과의 이상한 불꽃을 쥐고 쉴 수 없다

—自序

  시인은 '시'를 '거품'과 무의미한 '빈말'로 이루어진 '늘'의 세계 — 일상을 뚫고 나오는 목소리로 여기고 있다. 그것은 "붉디붉은 사과의 문장"으로 "은유 없이 기도"(「커다란 눈물방울」)하는 진실한 목소리다. 그러나 시인은 결국 자신의 시편들을 '온전한 시 — 사과'가 아닌 "한 잎의 생각"일 뿐이라고 스스로 부정한다. '뿌리 — 나무 되기'에 대한 오랜 상상력을 길러 온 시인에게 "한 잎"이란 '한 편의 시'를 의미하는, 청각 은유임이 분명하다. 시인에게는 자신이 쓰는 '한 잎의 생각 — 한 편의 시'와 다른 '시 — 탐나는 과일'이 분명히 존재하며 그것에 다가가고 싶지만 불가능하다고, 그럼에도 그 사과에 대한 병적인 열정(이상한 불꽃)을 지니고 있다고 고백한다.

  계기판보다 단 한 번의 느낌을 믿었다가 바다에 빠져 죽은 조종사의 이야기를 알고 있다. 그런 착시 현상이 내게도 있었다. 바다를 하늘로 알고 거꾸로 날아가는 비행기처럼 한

쪽으로 기울어진 몸을 수평비행으로 알았다가 뒤집히는 비행기처럼 등대 불빛을 하늘의 별빛으로, 하강하는 것을 상승하는 것으로 알았다가 추락하는 비행기처럼

    그가 나를 고속으로 회전시켰을 때 세상의 모든 계기판을 버리고 딱 한 번 느낌을 믿었던 사랑, 바다에 빠져 죽는 일이었다. 궤를 벗어나 한없이 추락하다 산산이 부서지는 일이었다. 까무룩하게 거꾸로 거꾸로 날아갈 때 바다와 별빛과 올라붙는 느낌은 죽음 직전에 갖는 딱 한 번의 황홀이었다.
―「Vertigo」

최문자 시에서 '사랑 ― 신앙 ― 시'는 모든 것을 내던지는 온전한 믿음 끝에 갖는 딱 한 번의 "황홀"이다. 그런데 이 "황홀"함 자체는 진짜이지만 그것이 '착시 ― 환상 ― 거짓말'의 틀 속에서 얻어졌다는 점에서 부정된다. 이런 '실패 ― 깨진 꽃'을 어떻게 대할 것인가. 세계관이란 바로 이런 질문에 대한 답이다. 누구나 한번쯤 자신의 모든 것을 걸어 사랑하고 믿을 수 있다. 하지만 그다음에 오는 실패와 절망에는 어떻게 대처할 것인가. 나아가 계속 반복되는 실패와 절망에서 오는 허무에는 어떻게 대처할 것인가. "헌 시루" 같은 세계가 "절망에 퉁퉁 불은 콩" 같은 우리를 꽉 붙잡고 있다면(「여자와 콩나물」, 『닿고 싶은 곳』) 어떻게 할 것인가.

> 흑전갈의 사랑은
> 사랑에게 잡아먹혀도 그 위에 다시 눕는 것.
> ──「부토투스 알티콜라의 춤」에서

시인은 '그럼에도 다시 한 번'을 외치는 니체적 '의지 능력'을 보여 준다. 그는 기꺼이 "불쑥 죽어 보면서"(「커다란 눈물방울」) '살아 있기'를 택하는 것이다. 그것이 비록 '착시 ─ 환상 ─ 거짓말'의 틀 속에서 이루어지는 것이고, 더욱이 마지막 순간에 딱 한 번 갖는 "황홀"일지라도 그 "황홀"은 실재하는 것이기 때문이다. 시인은 '이길 수 없는 진실'과 '온몸'으로 격렬히 싸워 기꺼이 죽어 가면서 '사금(砂金)' 같은 순간의 '삶'을 붙잡아 낸다. 그리고 다시 매몰되는 일상에 굴복하지 않고 "나보다 높은 새의 체온으로" 살기 위해 상대적인 저체온증을 견디며 다시 죽기 ─ 살기를 자처한다.(「아버지」)

비대한 의지와 거대한 자아상(self-image)을 지닌 시인들과 달리, 최문자는 겸허하고 작은 자리에 스스로를 자리매김한다. 최문자의 시 세계에는 작고 단단한, 뜨겁게 차가운 사과들이 가득하다. '죽어 가면서 살아 있는 순간'만이 자아를 다시 건져 내므로, 환상이 현실을 가동한다. 그래서 시인에게 '반쪽'이라는 상징은 무겁다. '없어진 절반'이 그 반대쪽을 살아 있게 하는 것이다.(「서부역」) 환상도 현실도 아닌 그 사이를 통과하며 경계에서 죽어 갔던(살아났던) 시인은 애초에 어느 한쪽을 포기하지 않았기에 그 사이에서 찢기고 있다. 이 고통스러운 찢김은 '일상의 층위'와 '40년 전 실연한 층위'의 경계를 파열하고 그것을 넘어서게 한다. 고통 속에서 장미와 돼지도 서로의 경계를 넘어서고, 새가 경계를 넘어오며, 실종된 문장들이 건너오고, 여러 경계를 넘어 한 남자가 다가오기도 한다.

  찢김 ─ 앓는 자의 고통을 '살아 있는 삶'으로 선택하는 시인이 가장 경계하는 것은 "고뇌 없이 무조건" 이루어지는 일이다. "의문을 품고 매일 먹어 버린 흰밥의 세계"(「오늘」) 같은 '맹목'에 대해서는 알레르기적인 거부반응을 보이기도 한다. "반드시 붉어진다는 사과들의 가설"을 어기고 푸른 사과만 열리기를 기다리는 시인은, '순리'나 '순종', '맹목'을 혐오하며 위반과 파괴의 의지를 보인다. 그는 사과나무 한 그루를 심고 "풀의 기억 하나만으로 발개지지 않는 사과의 푸른 정신"(「태양과 푸른 사과」)을 기다리는 존재다. 푸른 사과의 짙푸른 향을 태양보다 더 사랑하는 시인은 매일매일 익어 가는 시간과 싸우지 않을 수 없다. 이는 시적으로 '고뇌 없이 무르익은 은유와 수사로 그럴듯하게 만들어지는 시'를 벌목하겠다는 데에서도 나타난다.(「Vertigo 2」) 시인에게 무르익은 것은 쉽게 굴복했다는 의미일 뿐이며, 곧 부패할 것이라는 의미로 읽힌다. 무르익음에 대한 단호한 거부와 혐오는 생래적인 것이다.("꽃으로부터 태어난 種의 種소리/ 種에게는 수 세기 풀이 엉겨 있지만/

자기 種의 소리에만 눈을 뜬다"(「종(種)」) 그러나 '꽃이 꽃으로 꽃에서 죽으려 가장 격해지는 문장'을 찾아가는 것은 시인의 남다른 의지 능력이다.

　'진실한 고백'에 이르기 위하여 자기 자신과 격렬히 투쟁했던 숭고한 시인들이 있다. 이들은 그 시 세계와 세계관의 차이에도 불구하고 모두 '고백의 윤리'라는 하늘에 성좌로 놓여 있다. 최문자의 사과 역시 이 하늘에 푸른얼음으로 놓여 있다. 정복되지도 굴복하지도 않은 채.

최문자

1943년 서울에서 태어났다. 성신여대 국문과 대학원에서 박사 학위를 받았고
1982년《현대문학》으로 등단했다. 협성대 문예창작학과 교수 및 동 대학교 총장을 역임했다.
『귀 안에 슬픈 말 있네』, 『니는 시선 밖의 일부이다』, 『웃음 소리 작아지다』,
『나무 고아원』, 『그녀는 믿는 버릇이 있다』 등 다수의 시집 외
시 선집 『닿고 싶은 곳』, 시론서 『현대시에 나타난 기독교 사상의 상승적 해석』 등이 있다.
한성기문학상, 박두진문학상, 한국여성문학상을 수상했다.

사과 사이 사이 새

1판 1쇄 찍음 · 2012년 3월 30일
1판 1쇄 펴냄 · 2012년 4월 6일

지은이 · 최문자
발행인 · 박근섭, 박상준
편집인 · 장은수
펴낸곳 · (주)민음사

출판 등록 1966. 5. 19. 제16-490호
서울시 강남구 신사동 506번지 강남출판문화센터 5층 (우)135-887
대표전화 515-2000 / 팩시밀리 515-2007
www.minumsa.com

ⓒ 최문자, 2012. Printed in Seoul, Korea
ISBN 978-89-374-0799-4 (03810)